Omm for you!

LESS IS MORE

FINDE MEHR LEICHTIGKEIT IM LEBEN

EINLEITUNG

Minimalismus, bewusster Konsum, weniger Stress – darüber reden heute alle. Aber wie geht das konkret? Bedeutet das nicht Verzicht auf Lebensqualität? Sind diese ganzen Konzepte nicht ein zusätzlicher Stressfaktor im Leben? Auf keinen Fall! Lass dich von diesen 50 Ideen, Gedanken, konkreten Vorschlägen und Impulsen inspirieren, mehr »Weniger« in dein Leben einzuladen.

BILDNACHWEISE

© Creative Market

Space Symbols Set by Chikovnaya:
Box, Karte 1, 3, 13, 23, 33, 43

Born in Epic:
Box, Karte 1, 4, 14, 24, 34, 44

Soul of my Universe by Kate Macate:
Box, Karte 1–52

Eye of Providence:
Kart 5, 10, 15, 20, 25, 30, 35, 40, 45, 50

IMPRESSUM

2. Auflage 2024

moses. Verlag GmbH
Arnoldstraße 13d
47906 Kempen
Fon 02152-209850
Fax 02152-209860
Mail: info@moses-verlag.de
www.moses-verlag.de

ISBN 978-3-96455-245-7

Text: Ingrid Ickler
Design: Sandra Kretzmann
Satz: Dirk Hemke, SatzPro
Lektorat: Anna Hahn
Redaktion: Tanja Mues

Printed in China.

WENIGER HABEN KANN BEFREIEND SEIN

Hast du auch diese nagelneuen Laufschuhe im Schrank, die dich an deinen Vorsatz erinnern, mit dem Joggen anzufangen? Die Saftpresse, die du noch nie benutzt hast? Die Wolle samt Häkelnadel? Alles Zeichen dafür, dass du etwas nicht machst, von dem du glaubst, es zu müssen, ohne es zu wollen. Befreie dich von diesen Zeugen für dein schlechtes Gewissen.

FINDE DEIN »WENIGER IST MEHR«

Was für den einen viel ist, mag für den anderen wenig sein, der Blickwinkel auf diese Kategorien hängt von zahlreichen Faktoren, Erfahrungen und Prägungen ab. Wichtig ist, dass du dich entscheidest, was du brauchst, um deine Ziele und Wünsche zu erreichen und deine Zeit, deine Energie und dein Geld für das Wesentliche einsetzt.

FREE YOUR MIND

UNTERWEGS SEIN

»Ich treffe jeden Abend Freunde« – wie hört sich dieser Satz für dich an? Nach gesellschaftlichen Verpflichtungen, nach Anstrengung, nach Stress? Oder nach Geborgenheit, Verbindung und Vertrautheit? Wenn dich zu viele private Termine stressen, dann weg damit! Konzentriere dich auf das, was dir guttut.

WENIGER BESITZ SPART ZEIT

Das klingt wie eine Binsenweisheit, entspricht aber den Tatsachen. Wer viel hat, muss auch mehr aufräumen, sauber machen und pflegen. Hast du weniger, reduziert sich der Aufwand, du sparst Zeit und kannst dich dafür anderen Dingen widmen.

WIR KOMMEN UND GEHEN MIT NICHTS

Wenn wir ganz jung sind, dann denken wir noch nicht an den Tod. Aber ab einem gewissen Alter, wenn man vielleicht auch den Besitz der eigenen Eltern aus- und aufgeräumt hat, sollte man sich darüber Gedanken machen, was man seinen Nachkommen weitergeben will. Auch hier gilt: Weniger ist mehr.

ENTRÜMPELN GIBT EIN GUTES GEFÜHL

Etwas aufräumen und sich von Überflüssigem zu befreien, verleiht ein gutes Gefühl von Selbstwirksamkeit. Du erlebst dich als entschlossen und kompetent, entscheidungsfreudig und vielleicht auch als kreativ, wenn du noch etwas umräumst. Gute Gefühle, die durch ein Weniger entstehen.

WENIGER MÜSSEN, MEHR WOLLEN

Wie ist das Verhältnis zwischen »wollen« und »müssen« in deinem Leben? Hält es sich die Waage? Wenn du mehr musst als willst: Denke doch mal darüber nach, etwas weniger aus Pflichtgefühl zu tun und mehr aus Lust und Freude!

UNGELEBTE TRÄUME

Hast du eine Bucket List? Eine Liste mit Dingen, die du in deinem Leben noch machen oder umsetzen möchtest? Wie viele sind das? Setzen sie dich unter Druck? Beschweren oder beflügeln sie dich? Lass alles los, was nichts Leichtes hat.

ICH PACKE MEINEN KOFFER ...

... und nehme mit: Ja, was würdest du einpacken? Stell dir vor, du besitzt nur noch so viel, wie in einen einzigen Koffer passt. Was ist dir so wichtig, dass du es einpacken würdest, was würdest du zurücklassen? Ein spannendes und sehr aussagekräftiges Experiment!

BRAUCHE DIE DINGE AUF!

Wie viele Flaschen Duschgel hast du im Schrank? Wie viele Tüten Mehl? Häufig sammeln sich Dinge an, weil wir sie vergessen haben, etwas Neues probieren ... Verschaffe dir einen Überblick über das, was du hast. Und dann verbrauche es, damit du Platz schaffen und dich für das für dich Passende entscheiden kannst, wenn du es neu kaufst.

DAS HÄLFTE-EXPERIMENT

Du hast das Gefühl, du besitzt von allem zu viel, weißt aber nicht, wie und wo du mit dem Ausmisten anfangen sollst? Dann probiere es mit dem Hälfte-Experiment. Nimm dir zum Beispiel deine Bettwäsche vor, und packe die Hälfte (die ungeliebten Teile) in einen Karton und lebe drei Monate nur mit der Hälfte. Wenn du nichts vermisst, weg mit der anderen Hälfte.

BÜCHER – MEHR ODER WENIGER?

Liebst du ein überbordendes Bücherregal, oder verschenkst du deine Bücher? Oder liest du auf dem E-Reader und leihst sie aus? Bei kaum einem Gegenstand scheiden sich die Geister so sehr wie bei Büchern. Wenn du deine Bücher liebst, du aber keinen Platz mehr hast, probiere doch mal aus, sie Menschen zu schenken, die dir etwas bedeuten und denen du ihre Lektüre unbedingt ans Herz legen möchtest.

AUFRÄUMEN IM KOPF

Unser Kopf ist eine riesige Krimskrams-Schublade. Tausende Gedanken, Pläne, To-Dos schießen uns durch den Kopf und können ein Gefühl der Überforderung entstehen lassen. Hilf dir dabei, die Schublade etwas zu sortieren, indem du mit Listen arbeitest, Gedanken aufschreibst oder eine Meditation ausprobierst, damit das Karussell sich langsamer dreht.

MEHR RAUM HEISST MEHR RUHE

Wirf doch mal einen Blick in dein Wohnzimmer oder dein Büro. Wie viele unterschiedliche Gegenstände befinden sich dort? Gibt es etwas, worauf du verzichten kannst, was nur aus Gewohnheit da ist? Wenn es im Raum leerer wird und er »zur Ruhe kommt«, gelingt es auch dir besser.

THINK BIG!

»Sei du die Veränderung, die du dir in der Welt wünschst.« Dieses Zitat von Gandhi kann eine Motivation sein, auch andere zum »Weniger« zu inspirieren. Gründe eine Tauschbörse, veranstalte eine Kleidertauschparty, organisiere einen Straßenflohmarkt, am besten, du fängst einfach an.

SPIELE MIT GRENZEN!

Leisten können wir uns heute meist einiges, aber brauchen wir das alles? Wie wäre es mit freiwilligen Grenzen, mit denen du spielst? Ein konsumfreier Monat, ein monatliches Budget, das niedriger ist als sonst, einen Monat nur tauschen… Deiner Fantasie sind keine Grenzen gesetzt.

WARUM NICHT MAL KLEIDUNG LEIHEN?

Gerade bei Kleidung haben wir vieles, was wir nur selten brauchen, Fehlkäufe, weil wir mal etwas Neues ausprobieren wollten. Für solche Fälle gibt es heute spannende Plattformen, auf denen man Kleidung leihen kann, zum Neues wagen oder für einen besonderen Anlass.

DIE KONSUMPYRAMIDE

Um den Konsum zu reduzieren, gibt es eine sinnvolle Richtschnur: die Konsumpyramide. Sie beginnt mit der Basis »Nutze, was da ist«, geht über »reparieren«, »selber machen«, »leihen«, »tauschen« und »gebraucht kaufen« bis zur Spitze »neu kaufen«. Ein spannender Ansatz, oder? Probiere es aus!

DIE AUTORIN

Ingrid Ickler ist leidenschaftliche Yogalehrerin und -schülerin, Autorin und Literaturübersetzerin.

Wenn sie schreibt, sind »ihre« Themen Achtsamkeit und Entschleunigung immer mit dabei. Sie liebt es, ihre Erfahrungen weiterzugeben und andere zu inspirieren: undogmatisch, kreativ und bunt.

Hier kannst du mehr über Ingrid erfahren:

ingridickler.de

WENIGER COUCH, MEHR NATUR

Es ist ein Trugschluss zu glauben, wir könnten auf der Couch am besten entspannen. Wissenschaftlich gesehen ist es Bewegung, die zu effektivem Stressabbau führt. Deshalb runter von der Couch und raus aus dem Haus!

LEGE (SCHLECHTE) GEWOHNHEITEN AB

Oft merken wir gar nicht, dass wir Dinge nur aus Gewohnheit tun, zum Beispiel uns mit Konsum belohnen, viel Zeit mit unserem Smartphone verbringen oder uns mit Schokolade trösten. Genauso, wie sich diese Gewohnheiten in unser Leben geschlichen haben, dürfen sie sich auch wieder hinausschleichen.

WENIGER ZWEIFEL

Wenn du etwas tust, gibt es häufig eine Stimme, die dich warnt, dass dein Vorhaben zu groß, zu schwer, zu unplanbar, zu unsicher ist – diese Liste lässt sich beliebig fortführen. Aber Scheitern oder Fehler machen ist gar nicht schlimm! Dann versuchst du eben etwas anderes. Lade die Zweifel aus deinem Leben aus.

DAS BISSCHEN HAUSHALT …

Wie viele Spül- und Putzmittel, Lappen, Bürsten und Besen besitzt du? Häufig haben wir gerade von diesem Reinemachekram so viel, dass es zu Unordnung und Unübersichtlichkeit führt. Was brauchst du wirklich, damit es für dich sauber und aufgeräumt ist?

FREE YOUR MIND

WENIGER SCHAFFT RAUM

Damit Neues und Kreatives entstehen kann, braucht es Licht und Raum, egal, ob es sich um konkrete Gegenstände oder Gedanken handelt. Was kannst du loslassen, damit mehr Raum entsteht?

WENIGER IST NICHT NICHTS

Hat das Wort »sparsam« für dich einen positiven oder einen negativen Beigeschmack? Fühlst du dich beschränkt, wenn du möglichst wenig verbrauchen oder besitzen willst? Oder gibt es dir ein gutes Gefühl, wenig zu brauchen?

SCHONE RESSOURCEN

Ressourcen sparen ist das Gebot der Stunde. Ob mehr Radfahren und weniger fliegen, mehr Regenwasser auffangen oder weniger Einweg kaufen, dieses Weniger ist eine der Grundlagen für den Erhalt unseres Planeten.

PROBIER'S MAL MIT DEM TINY HOUSE

Benötigen wir alle wirklich so viel Raum? Wohne doch mal zur Probe in einem Tiny House. Vielleicht stellst du fest, wie schön und entlastend es sein kann, auf weniger Wohnfläche zu leben und damit weniger »Gepäck« mit dir herumzutragen.

FREE YOUR MIND

IST DAS NÖTIG?

Wir alle wissen, dass es an der Zeit ist, bewusster zu konsumieren. Das bedeutet nicht nur, nachhaltig und ökologisch einzukaufen, sondern uns ganz grundsätzlich zu fragen, ob wir etwas wirklich BRAUCHEN oder ganz auf den Konsum dieser Sache verzichten können.

VERGLEICHE WENIGER!

Kannst du dich noch erinnern, wie du dich als Kind mit anderen auf dem Schulhof verglichen hast? Heute können wir das auf dem »weltweiten Schulhof« der sozialen Medien machen. Selbst wenn sicher auch positive Impulse dabei sind, bei Vergleichen schneidest du immer schlechter ab, weil du immer nur ein Detail betrachtest. Auf diese Vergleiche darfst du gerne verzichten.

WENIGER ABLENKUNG SCHAFFT MEHR ZEIT

Uns steht heute eine schier unendliche Fülle an Ablenkungen zur Verfügung, wir können uns medial von morgens bis abends berieseln lassen. Aber häufig führt das dazu, dass wir nicht mehr fokussiert arbeiten oder uns auf eine Sache konzentrieren können. Probiere es aus, und verzichte mal stunden- oder tageweise auf dein Smartphone!

FREE YOUR MIND

BEFREIE DICH VOM BALLAST!

Im Wort Ballast steckt die »Last«: Je mehr wir anhäufen, desto mehr Lasten schleppen wir mit uns herum. Gartengeräte, die wir nur einmal im Jahr brauchen, drei Tortenplatten ... Wir alle besitzen Gegenstände, die wir auch leihen könnten. Betrachte deinen Besitz doch einmal unter diesem Blickwinkel!

MEHR LIEBLINGSKLAMOTTEN = MEHR WOHLGEFÜHL

Auch wenn der Schrank voll ist, greifen wir meist doch zu den Sachen, in denen wir uns am wohlsten fühlen, die uns nicht behindern und die zu uns passen. Der Rest ist eine nette Ergänzung, aber brauchst du das alles wirklich? Vielleicht ist es an der Zeit, einiges davon ziehen zu lassen.

ZEIT SPAREN DURCH WENIGER KLAMOTTEN

Wie wäre es, wenn du jeden Morgen mit einem kurzen Blick in den Schrank entscheiden könntest, was du anziehst? Weil es dort übersichtlich ist und die Auswahl nur aus deinen Lieblingssachen besteht? Fang mit einem »Vielleicht-ziehe-ich-das-irgendwann-noch-mal-an-Teil« an, und verschenke es! Dann kommt womöglich die Lust auf mehr.

EINE PARTY ZUM KLEIDERTAUSCHEN!

Wie wäre es mit einer Kleidertauschparty, auf der jeder Gast 8–10 Teile mitbringt, die er oder sie in guten Händen wissen möchte? In einer entspannten Atmosphäre stellt man seine Teile kurz vor, vielleicht gibt es sogar etwas zu essen und zu trinken, und dann sucht sich jeder das Passende aus.

WOFÜR MACHST DU PLATZ?

Zugegeben, nachhaltig aufräumen macht nicht immer Spaß, aber wenn wir ein starkes Warum haben, sind wir motivierter. Für was machst du Platz? Warum räumst du auf oder wirfst Dinge weg? Halte dir dein Ziel vor Augen, und dann fang an.

SCHAU MAL IN DEIN PORTEMONNAIE ...

... und sortiere alle alten Visitenkarten, abgelaufenen Mitgliedskarten, nicht mehr benötigte Quittungen und Ähnliches aus. Das schafft Platz, und deine Börse lässt sich jetzt überall wunderbar unterbringen.

SEI EIN BESUCHER IN DEN EIGENEN VIER WÄNDEN

Manchmal lohnt die Veränderung des Blickwinkels, damit wir Dinge in neuem Licht sehen. Geh doch einmal mit den Augen eines Besuchers durch deine Wohnung. Fällt dir etwas auf, was du gar nicht brauchst oder nur aus Gewohnheit behältst? Dann trenne dich davon.

FREE YOUR MIND

AUFRÄUMEN MACHT SPASS

Ausmisten kann Spaß machen! Wie wäre es mit einer Aufräum-Challenge mit deinem Partner oder deiner Familie? An Tag 1 entsorgt jeder eine Sache, an Tag 2 zwei ... Wer hält am längsten durch? Als Belohnung winkt die Erfüllung eines lang gehegten Wunschs.

DER ERSTE SCHRITT

Hast du auch »diese Schublade«? Diese Krimskrams-Schublade, in die man alles reinwirft, was nicht gleich zuzuordnen ist: Schnürsenkel, Gummibänder, alte Schlüssel, Werbegeschenke, Geschenkbänder ... Befreie dich als ersten Schritt vom Ballast dieser Schublade, räum auf, sortiere und wirf weg!

WEG DAMIT!

Hast du auch diese Kisten im Keller/auf dem Dachboden/in der Abstellkammer, die du »irgendwann mal auf den Wertstoffhof« bringen möchtest? Mach es jetzt, und warte nicht, bis sich »genug« ansammelt! Raum zu schaffen kann so entspannend sein.

WAS BRAUCHST DU WENIGER, DAMIT ES DIR BESSER GEHT?

Wir glauben häufig, dass es uns besser geht, wenn wir mehr haben, mehr sind, mehr tun. Drehe die Frage doch mal um! Was brauchst du weniger, damit es dir besser geht? Weniger Stress, weniger Termine, weniger Selbstzweifel? Schaue neugierig nach!

WENN ALLES WICHTIG IST, IST NICHTS WICHTIG

Loslassen ist gar nicht so einfach, egal, ob es sich um Gegenstände oder um Glaubenssätze handelt. Oft haben wir das Gefühl, dass doch alles wichtig ist. Aber damit sagen wir gleichzeitig, dass nichts wichtig ist. Prüfe ernsthaft, was dir wirklich am Herzen liegt, und lasse alles andere los.

FREIER BLICK AUF DAS WESENTLICHE

Wenn wir zu viel haben, ist unser Blick auf den Kern einer Sache häufig verstellt. Dabei ist gerade dieser Kern besonders wichtig! Am besten sorgen wir für freie Sicht und räumen auf – und weg.

STRESS AM JOGHURTREGAL

Geht es dir auch manchmal so, dass dir die überbordende Auswahl in deinem Supermarkt Stress verursacht? Jede Entscheidung für etwas bringt die frustrierende Erkenntnis mit sich, sich gegen etwas anderes entschieden zu haben, was eventuell doch besser gewesen wäre – so sieht das jedenfalls unser Gehirn. Das mag gerne weniger Auswahl.

REDEN IST SILBER, SCHWEIGEN IST GOLD

Zugegeben, diese Redensart ist schon etwas in die Jahre gekommen, aber immer noch wahr. Manchmal sind weniger Worte viel gehaltvoller und klarer als lange Erklärungen, die man ohnehin nicht mehr hört, weil man gedanklich noch bei der ersten Aussage hängt.

WENIGER ÜBERFORDERUNG

Stärken stärken und Schwächen schwächen ist ein ebenso einfaches wie sinnvolles Konzept. Aber es darf in deinem Tempo und deinem Maß geschehen. Fordere dich heraus, aber streiche das Zuviel, die Überforderung aus deinem Leben!

VERLERNE ETWAS!

Nicht alles, was wir in unserem Leben an Verhaltensweisen und -normen, an Kategorien wie »richtig« oder »falsch«, »erwünscht« oder »unerwünscht« lernen, passt tatsächlich zu uns. Im Laufe unseres Lebens entwickeln wir uns weiter und dürfen ruhig wieder etwas verlernen, was nicht mehr zu uns passt.

WIRF NEGATIVE GEDANKEN IN DEN MÜLLEIMER

Klar, nicht alles ist positiv! Aber wie oft fokussieren wir uns auf die negativen Gedanken, die Zweifel, die Befürchtungen? Wenn wir nur ein paar davon über Bord werfen und dem Leben offen begegnen, kann dieses Weniger uns ein wertvolles Mehr schenken.

DO LESS!

Ob auf Papier oder digital: To-do-Listen spielen in unserem Leben eine große Rolle. Manche To-dos wandern immer weiter von einer Liste zur anderen … und sind dann vielleicht gar nicht mehr so wichtig. Beschränke dich auf Machbares und Umsetzbares! Drei Häkchen fühlen sich so viel besser an als zehn unerledigte Punkte.

VIELE TERMINE = ERFOLGREICHES LEBEN?

In unserer Gesellschaft gilt es als erstrebenswert, einen vollen Terminkalender zu haben. Viele Termine stehen für Erfolg, Beschäftigung, Anerkennung, erfüllte Freizeit ... Aber ist das wirklich so? Wie wäre es mit mehr leeren Flecken im Kalender, die für Ruhe, Entspannung und Spontaneität stehen?

EINS REIN, EINS RAUS

Um nachhaltig weniger zu besitzen, kann diese Regel sehr hilfreich sein. Für jede neue Anschaffung, sei es im Kleider- oder im Küchenschrank, muss ein anderes Teil gehen, das verschenkt oder verkauft wird. Das sorgt für Abwechslung – und weniger ist mehr.